AF470114

B.R

L'OMBRE

DE

MARDI-GRAS,

OU

LES MASCARADES

DE LA COUR,

Réunies à celles du Corps législatif, & de quelques Femmes titrées; des Généraux & Officiers de la Fédération, jointes à celles des Ecclésiastiques nouvellement fonctionnés, & définitivement celles des Juges de paix & autres membres des Tribunaux de la nouvelle organisation.

Pour suppléer au Carnaval de 1791.

Par un FOU RAISONNABLE.

Je me ris des tyrans d'un peuple trop crédule,
Qui, fourbes & méchans, ravissent nos plaisirs.
Infame politique, oui, c'est sous ta férule
Que le foible succombe & pousse des soupirs.

A PARIS,

Aux dépens du Faubourg Saint-Antoine,

1791.

BIBLIOTHEQUE ROYALE

L'OMBRE
DE
MARDI-GRAS,
OU
LES MASCARADES DE LA COUR.

CHAPITRE PREMIER.

Préliminaire intéressant.

DANS le tems où Louis XVI mangeait comme un Ogre, & buvait comme un Templier; (1)

(1) Et ce tems dure encore : c'est dans le jus de la treille que le Monarque français noye sa décadence.

que Marie-Antoinette se livrait à tous les excès de la prostitution, comme une Impératrice Romaine (1); que les dissolutions de la Cour ne connaissaient point de bornes; Mardi-Gras jouait un grand rôle au Palais de nos Rois, & au sein de la Capitale. Les Ministres fascinaient les yeux du Monarque, en créant des plaisirs, & en les rassemblant sous ses yeux; tandis que l'infame Lieutenant de Police soldait à Paris, la foule innombrable des masques, qui se refluaient au fauxbourg St.-Antoine, & dans la rue St.-Honoré, dans le tems du carnaval. Le sceptre de la royauté n'était alors autre chose que la marotte de la folie, & les Parisiens étaient à-la-fois ivres des plaisirs, & courbés sous le poids de la misere.

Aujourd'hui le nom de Mardi-Gras est inutilement placé sur le calendrier; il ne préside plus aux folies & aux sottises; cependant, la France n'a jamais été tant déguisée, qu'au tems où nous sommes; c'est un travestissement général.

Qu'est-ce donc maintenant qui préside à ces nouveaux costumes, de vêtemens, de cœurs & de physionomies? C'est la révolution; oui, la

(1) Probablement Messaline, femme de l'Empereur Claude.

révolution s'eſt emparée des droits de Mardi-Gras, & depuis le 13 Juillet 1789, nous voyons parmi les pleurs & les ſupercheries, le vol & l'hypocriſie, la famine & les dilapidations, l'irreligion, les rapacités, & les guerres inteſtines, régner un carnaval perpétuel.

Depuis le Roi juſqu'au dernier gentillâtre de ſa Cour, depuis la laſcive Allemande, que la politique miniſtérielle des Cours lui a donnée pour compagne, juſqu'à la derniere des courtiſanes abjectes, qui vend à prix d'argent ſes faveurs honteuſes; enfin, depuis le Général, juſqu'au moindre des gougeats de la Garde nationale; comme depuis le Prélat du premier ordre, juſqu'au plus mince des Calotins, & depuis le Maire de Paris, juſqu'au plus mince Huiſſier de Section, tous ces viſages portent un maſque. Les grands nez, les peaux d'ours, de tigres & de pantheres, ont été relégués dans les magaſins de Pontus, (1) Lambert & Renaudin; (2) les premiers comme prêtant au ſarcaſme, & les ſeconds comme ſuſceptibles d'effrayer. La Municipalité Pariſienne s'eſt ſeulement emparée des

---

(1) Tailleur de la Comédie-Françaiſe.

(2) Coſtumiers & loueurs de dominos.

bonnets de Midas, (1) pour en orner la tête de nos Sénateurs modernes: c'eſt pouſſer la prévoyance auſſi loin qu'elle puiſſe aller.

La révolution s'eſt chargée de pourvoir au reſte de ces nouveaux traveſtiſſemens; & au commencement de l'année 1790, le Procureur-Syndic de la Commune (2) prouva, par des phraſes pompeuſement ennuyeuſes & vuides de ſens, que Mardi-Gras devait être exilé de France. Le jour qu'il prononça cette magnifique péroraiſon, en préſence du Maire de Paris, & des autres Chianlits nationaux de la Commune, il s'était revêtu de l'attirail d'un maſcarade patriote; manteau populaire, un maſque de ſatyre, & des yeux de vautour.

Bailly, collègue de celui d'Aſhieres, avait ſurchargé ſa phyſionomie baſſe & commune, d'un maſque qui commence terriblement à s'uſer; le front d'un tartuffe, le nez d'un ambitieux, la bouche d'un vampire, les dents d'un anthropophage, & les yeux d'un lynx (3): ſon corps

---

(1) C'etait dans ce tems un bonnet connu ſous le nom D'OREILLES D'ANES.

(2) Un animal venant de Barbarie, que les Naturaliſtes ont nommé ſinge MITOUFFLET.

(3) Ces yeux furent trouvés par Sylvain Bailly à l'hôtel de la Mairie, dans un coffret qui avait appartenu aux Sar-

était revêtu d'une enveloppe ſépulcrale, & ſes doigts ſe terminaient par des ſerres de milan.

La Fayette, affublé d'un domino de la nation, n'avait pas changé de phyſionomie; toujours même maſque & même caricature; les traits ruſés d'un renard, bouche mielleuſe, ſourire forcé, regard patelin, traître & careſſant, & tout-à-la-fois cruel & pacifique. Tous ces traits raſſemblés annonçaient un politique délié, réuniſſant la diſſimulation, la trahiſon, la ſcélérateſſe, le menſonge & la perverſité. La pâleur habituelle de ſon viſage indiquait ſuffiſamment qu'il ignorait le grand art de rougir, & c'eſt ſous ce maſque affreux, qu'il ſerait difficile de lui arracher, qu'il fut l'odieux & ſecret coopérateur de l'abominable deſtruction des habitans de Nancy.

Mardi-Gras fulminait intérieurement de voir le temps de ſes aſſiſes ordinaires approcher, ſans pouvoir en jouir, & que la révolution lui avait ravi le droit de maſquer toute la France. Furieux de voir annuller ainſi ſes prérogatives les plus cheres, il emprunta l'organe, la trogne rubiconde & la vaſte corpulence du Vicomte de Mirabeau;

---

tines & Lenoir. Ces ſcélérats les appellaient des lunettes de lettres de cachets.

puis se présentant à l'Assemblée Nationale, il y vit, avec indignation, tout le Sénat masqué, travesti sans sa participation. Mais de quelle rage ne fut-il pas transporté, en reconnaissant le digne frere de celui dont il avait adopté la forme, en possession du fauteuil de la présidence, & tellement déguisé, que lui, Mardi-Gras, ne pouvait en croire le témoignage de ses yeux?

Son masque représentait la candeur & l'urbanité; ses yeux paraissaient animés du feu du patriotisme; ses expressions, toute l'énergie de la liberté; son domino, la caricature d'un honnête homme, dont les mœurs sont austeres; mais sous son travestissement, le monstre secouait des chaînes & des fers, & Mardi-Gras ne vit plus alors en lui, que duplicité & forfanteries, bassesses & indignités, crapule & débauche. N'écoutant plus rien que sa fureur, il s'élance à la tribune, renverse d'un poignet vigoureux tous les polichinels noirs, blancs & violets, qui s'opposaient à son passage; & lançant au Président Mirabeau, un coup-d'œil, qui peignait la colère dont il était animé, d'une voix tonnante, il adressa à la mascarade constitutionnelle, l'apostrophe suivante, qui sera à jamais consignée dans les annales des carnavals présens & à venir.

CHAPITRE II.

MOTION de Mardi-Gras à l'Assemblée Nationale, tendante au rétablissement du Carnaval; de quelle maniere il prétend travestir la Cour & les femmes titrées.

« PANTALONS nationaux, petits tyrans de la France (ainsi s'exprima Mardi-Gras) qui avez masqué vos cœurs & vos visages, pour renverser imprudemment l'ordre des choses; qui avez abusé des pouvoirs que la Nation vous a sottement confiés, pour faire exécuter, à force ouverte, vos décrets ambitieux & usurpateurs, & qui, pour élaguer quelques branches corrompues de l'arbre du Gouvernement, avez jugé àpropos de le déraciner, c'est à vous que j'adresse la parole; prêtez-moi une oreille attentive ».

A ce début de la motion de Mardi-Gras, les blancs pâlirent & rougirent successivement; les noirs & les violets, battirent des mains; mais sans s'embarrasser de l'effet qu'il produisait, le fougueux protecteur du Carnaval, sous les traits du gros Vicomte, continua en ces termes:

« Les ordres d'une Municipalité deſpotiquement biſarre, tout-à-la-fois altiere & rampante, mépriſée & bien digne de l'être, ont anéanti le plaiſir, en proclamant ma deſtruction : comme auteurs des funeſtes innovations qui déſolent une partie de la France, vous avez applaudi à cette injuſte déciſion; mais vous êtes-vous bien perſuadés, Légiſlateurs orgueilleux, que les droits de Mardi-Gras n'étaient pas auſſi ſacrés que les vôtres? qu'en décrétant vos droits particuliers, en paraiſſant établir les droits généraux de l'homme, vous aviez acquis celui de lui ravir ſes plaiſirs? Et ne regarderez-vous pas cette interdiction comme un attentat manifeſte? Mais pourquoi m'en étonnerais-je? Semblables aux Titans qui entaſſerent montagnes ſur montagnes pour eſcalader le ciel & détrôner le ſouverain maître de l'univers, bientôt votre orgueil vous inſpirera le deſſein de les imiter. Inſenſés Aréonautes! on vous verra dans peu concevoir le projet ridicule de percer la voûte azurée, pour, à l'aide d'un détachement de Gardes nationales, faire prêter le ſerment civique au Père Éternel, & à tous les Saints du Paradis; déchaîner les criminels & les mécréans, juſtement détenus au Tartare, pour en garnir les frontieres des cieux, & y jeter ſur le ſable les fondemens de votre pernicieuse Constitution ; mais, tremblez, perfides innovateurs ! le sort d'*Eucélade* vous attend ; les rochers se détacheront d'eux-mêmes pour vous foudroyer. Si, jusqu'à une certaine hauteur, vous avez élevé votre monstrueux édifice, c'est un trait de la vengeance divine, qui prétend s'en servir pour vous punir avec plus d'avantage. Déjà la confusion des langues règne parmi vous ; les Allemands, les Saxons tiennent entre leurs mains les foudres célestes, & le fer & la flamme dévoreront jusqu'au moindre vestige de votre ouvrage, qui, sans doute, auroit été sublime, s'il n'eût pas été combiné par l'ambition & l'injustice.

» Eh quoi ! déjà la rage & la fureur animent vos traits ; déjà la plume infernale s'apprête à dresser le décret meurtrier de mon entiere destruction : le club des Jacobins soilicite une condamnation. Ah ! calmez ces bouillans transports, pour m'écouter jusqu'au bout ; & avant de prétendre anéantir ma domination, connaissez Mardi-Gras ; examinez l'ancienneté de ses usages, & la force de ses réclamations.

» Eh ! de quel droit proscrirez-vous mon empire & mes amusemens, lorsque vous m'avez des obligations réelles ? Ingrats ! si vous abusez le Peuple, n'est-ce pas à l'aide du déguisement ?

& tous déguifemens ne font-ils pas de mon reffort ? Les dragées que vous diftribuez à ce même Peuple, fi douces en apparence, mais qui recèlent le fiel & l'amertume, ne font-elles pas de l'invention du Carnaval ? Et vous cherchez à m'en dérober toute la gloire ! En promenant mes regards fur chacun de vous, je vous vois à tous un mafque fur la figure, & ce mafque ne vous a pas été donné par moi ! C'eft ainfi que vous méconnaiffez Mardi-Gras ! Non, n'efpérez pas procéder à de nouvelles folies, fans mon aveu : je faurai vous arracher le mafque de l'impofture, dont vous vous couvrez, & j'y fubftituerai celui de la fottife : s'il vous attire le ridicule, au moins il ne fera pas dangereux, & cette nouvelle mafcarade, en excitant les ris d'une populace affaiffée fous un joug plus impérieux, plus accablant mille fois que celui qu'elle a brifé fans réflexion, diffipera la terreur & l'effroi dont tous les cœurs font atteints & glacés.

» Jetez les yeux fur l'Italie, fur cette Rome fuperbe, maintenant au pouvoir de l'engeance calotine, & voyez les perfonnages que le Carnaval y a fait affeoir fur la chaire de Saint Pierre ; un gardeur de cochons, (1) travefti en Pape ;

(1) Sixte-Quint, le plus fourbe & le plus ambitieux de

un inceſtueux (1) couvert de la pourpre du Vicaire de Jéſus-Chriſt, & enfin un imbécille (2), qui, tout enthouſiaſmé de la plénitude de ſon égoïſme, ſouſcrit aveuglément aux déréglemens de vos cerveaux timbrés.

» Examinez enſuite les Vénitiens; voyez le Sénat ſuſpendre ſes graves & ſages occupations, pour ſe livrer aux charmes de la folie; les Peuples de tous les Royaumes, accourir ſe mêler à leurs extravagances multipliées; & oſez nier, après ces exemples fameux, que Mardi-Gras, qui a tant d'influence ſur des têtes tout auſſi ſolidement organiſées que les vôtres, n'ait pas aſſez de puiſſance pour vous forcer de rétablir ſon culte, & de devenir vous-mêmes, ainſi que toute la France entiere, ſes plus ardens ſectateurs?

» Oui, duſſiez-vous crever de dépit, Mardi-Gras jouira, cette année, de toute ſa ſplendeur: je forcerai l'ombre de l'autorité royale à courber

---

tous les Papes. Un perſonnage de cette trempe ſuccédant à Saint Pierre, & un fripon ſubtil, lâche, & fauſſaire intrigant, Préſident de l'Aſſemblée, ce ſont bien là réellement des tours de Carnaval.

(1) Le Pape Alexandre VII.

(2) Jean-Ange Braſchi, ou Pie VI, Pape actuel.

ſa tête ſous le joug du Carnaval ; ainſi qu'elle, vous participerez au maſcarade que je vais établir, & cette Municipalité qui me brave, choiſira elle-même les premiers grelots de Momus dans les magaſins de la folie.

» Ceſſez donc de tenir le Peuple en haleine, & ſous l'eſclavage d'une crainte puérile : c'eſt par vos inſtigations ſecrètes qu'il s'enviſage comme toujours environné de traîtres : ne fomentez plus la diviſion ; rendez-lui ſa gaieté que vous lui avez ravie, en le plongeant dans une méfiance perpétuelle ; & pour dignement apprécier les intentions de Mardi-Gras, examinez ſcrupuleuſement ſon projet de Carnaval, ſes maſques & ſes traveſtiſſemens. Mon intention n'eſt pas de confondre pêle-mêle, la foule maſquée que je veux raſſembler, comme une troupe de chianlits, ſans ordre, ſans goût, ſans caractere ; je veux coſtumer les uns & les autres ſuivant les inclinations qui leur ſont propres ; en un mot, donner à chacun un habit à ſa taille, & décoré des emblêmes ſignificatifs de ſes paſſions, de ſes vices & de ſes vertus. Tel d'entre vous, ou tout autre, ſe croira alors parfaitement déguiſé, lorſqu'au fait il ne ſera que plus reconnaiſſable. Rendez donc, rendez juſtice à la ſageſſe & à la judiciaire de Mardi-Gras. Je vais d'abord vous exposer comme je prétends travestir la Cour, & quelques femmes de ma connaissance, qui la composent actuellement, & voyez si les Saturnales romaines l'emportèrent jamais sur la sagacité de mes dispositions ».

Mascarade royale, Chars & Traîneaux (1).

A l'époque glorieuse où Louis XVI possédait encore l'amour des Français, il entra dans Reims, aux acclamations du Peuple, qui faisait retentir les airs du cri général de *vive Louis le bienfaisant;* il était dans un char brillant; le masque de l'affabilité était sur sa figure; on le regardait alors comme un Monarque sensible, humain, généreux & compâtissant; la multitude en fut abusée : donc ce déguisement était ridicule, & ce travestissement ne lui allait pas.

---

(1) Dans le cas où le défaut des glaces empêcherait la Reine de France de jouir de ce plaisir, comme en l'année 1788, où elle s'y livrait avec une joie indécente & barbare, en desirant publiquement que tous les hivers fussent semblables, pendant que, dans tous les endroits du Royaume, le Peuple expirait de froid & de misere, elle aura la ressource de faire sabler les Tuileries & les quais. Les Ouvriers des atteliers de charité s'y emploieront par ordre de la Municipalité, & les piétons soldés de la Garde nationale, pour complaire au Commandant-Général.

Un chianlit mitré & crossé le mit à l'huile, lorsqu'il n'était encore qu'au bleu : cette liqueur sainte, qui disparut depuis la révolution, n'était pas celle qui convenait à ses penchans, & devait par la suite diriger sa tête ; conséquemment farce de Carnaval, aussi grossiere que son entrée pompeuse.

Quand ce même Monarque, dans la journée du 6 Octobre 1789, fut amené à l'Hôtel-de-Ville, & traîné dans un char de douleur, au bruit des huées de la populace, & d'une troupe de femmes déguisées en furies ; alors il portait le masque de la stupéfaction : il n'avait pas gagné au change, & Mardi-Gras n'avait point présidé à cette mascarade.

Je vais donc me piquer de faire paraître ce Roi dépouillé dans l'habillement de Carnaval, qui lui convient ; & puisque les attributs de la royauté sont vains & inutiles entre ses mains, parons-le à sa manière.

Sur un char orné de pampres & de raisins, le Monarque français paraîtra à cheval sur un tonneau, couronné de feuilles de vignes, tenant un verre d'une main, & une bouteille de l'autre ; ses coursiers, qui, jadis, brûlaient le pavé de Versailles, baisseront humblement la tête ; les plus ivrognes des Caporaux soldés formeront sa

garde ,

garde, & la musique de la Chapelle royale exécutera, pendant cette marche joyeuse, cet air, *que le Sultan Saladin*, &c. si anologue à la circonstance, dont le nouveau *Sylène* chantera la finale : *moi, je pense comme Grégoire, &c.*

La Reine, vêtue en Bacchante, suivra le char du ci-devant Roger-Bontems, maintenant Roger tout court, dans un traîneau : semblable à ces Prêtresses de Bacchus, qui, après leur ivresse, terminaient leurs orgies par célébrer les lubricités de l'amour, elle ne sera couverte que d'une légère draperie ; elle aura la gorge, les bras, les cuisses & les jambes absolument nues ; les Dames de sa suite, tenant en main des thyrses & des tambours de basques, ajouteront, par leurs hurlemens scandaleux, à cette bacchanale, & rendront, de cette sorte, son triomphe plus éclatant.

A la suite du traîneau de Marie-Antoinette, paraîtra le char de Monsieur Stanislas-Xavier. On n'aura, sans doute, pas de peine à se retracer *Sancho Pança* faisant sa tournée dans son Gouvernement de l'isle de Barataria, tel que le fameux Coypel s'est plu à le travestir. C'est de cette façon que je veux le costumer. Cet épais personnage se reconnaîtra sans peine à cette caricature : son cortège, habillé en *Guillot*

Gorjus, environnera sa maſſive Alteſſe, & ce char de triomphe vaudra ſans doute bien celui dans lequel Louis XIV, vêtu en Apollon, paraiſſait tenir les rènes des chevaux fougueux du ſoleil, ou lorſqu'il danſait des pas de ballets ſur le théâtre du château de Verſailles, à la ſuite de *la Princeſſe d'Elide*, avec les gourgandines de l'Académie-Royale de Muſique.

Notre jeune Dauphin, comme bâtard adultérin, légitimé par l'impoſture, repréſentera l'Amour. Je ne l'ai point placé avec ſa mère, qui n'a plus les charmes d'une Vénus. Il tiendra des colombes dans ſes mains, & ſera ſuivi par la Marquiſe de Balby, la Baronne de Monteluſſon, toutes les deux vêtues en grecques, telles que l'étaient Laïs, Rhodope & Phriné, ces fameuſes courtiſanes, dont l'impudicité & les diſſolutions ont ſervi de modèle aux excès laſcifs de ces deux Maîtreſſes de Monſieur Staniſlas-Xavier.

Un traîneau, conſtruit à la chinoiſe, annoncera, par le bruit des grelots, & le ſon de ſes ſonnettes, qu'il eſt occupé par une pagode. En effet, je le deſtine à Madame Staniſlas-Xavier, qui, coſtumée comme une de ces Divinités tunquinoiſes, s'y tiendra juchée ſur un carreau, à la mode de nos Tailleurs français; ſon bégueulifme & fa prudoterie la rendent bien digne de cette mafcarade : quelques mouvemens de tête, à l'imitation des mâgots qui parent les cheminées de nos catins du bon genre, indiqueront feulement qu'elle eft animée : fon équipage fera traîné par des mulets, tant elle a d'averfion pour les animaux entiers (1). Son gros époux peut paffer pour une vérité conftante de cette antipathie. Tous les Porte-fonnettes des Paroiffes de Paris, à l'exception de ceux qui ont fait des faux fermens pour ne pas mourir à Bicêtre, ou dans la vue d'avoir un morceau de pain, fuivront le traîneau de Madame Staniflas-Xavier, vêtus en pantalons. La bêtife perfonnifiée tiendra les mulets par la bride, & le char de Mefdames de France fuivra.

A la tête des chevaux du char de Mefdames, fera le Porte-banniere de la Paroiffe Saint-Sulpice ; M. Dulau, fon Curé réformé, fera fur le fiége

(1) A la fuite d'une querelle maritale, que le Bourgeois de qualité eut avec Madame à Verfailles, un matou fauta impudiquement fur une jeune chatte qu'elle aimait beaucoup : furieufe, elle fit venir le fieur Maffe, qui coupe très-proprement les génitoires des animaux, & fit châtrer impitoyablement tous les mâles de fa maifon, les bêtes, s'entend..... Heureufement que Monfieur venait de partir pour Paris!

de cette voiture, en *Sannebito*, c'eſt-à-dire; avec un habit pareil à ceux que les Dominicains eſpagnols & portugais faiſaient endoſſer aux pauvres diables qu'ils faiſaient brûler joyeuſement, en chantant les litanies, dans les cérémonies de l'autodafé. M. le Curé, qui ſoutint ſi courageuſement ſa religion, dans la ſituation critique du ſerment, aura ſur ſon domino inquiſitorial, le diable de la luxure, celui de l'avarice, & celui de l'orgueil; il portera un maſque qui aura le nez d'un pied de long, & de tems à autre, ſe frappera vigoureuſement la poitrine, en prononçant à haute voix : *Meâ culpa, meâ maximâ culpa.* Mais Meſdames repréſentant l'hypocriſie, en habits de Sœurs-du-Pot, répandront ſur lui des bourſes d'or, pour le dédommager de la perte de ſa cure.

La ſeule Madame Eliſabeth, ſous les habits & les traits de la gaieté, par ſes ris & par ſes chants, témoignera le peu de part qu'elle prend au tripotage actuel : ſon refrain favori ſera :

Eh ! qu'eſt qu'ça me fait à moi,
Quand je ris & quand je chante?
Eh ! qu'eſt qu'ça me fait à moi,
Quand je chante & quand je...

Immédiatement après le cortège de Meſdames, ſuivra la Princeſſe de Chimay, ſous la forme de

Médée ; ſes cheveux ſeront hériſſés de ſerpens ; elle en tiendra deux dans une main, & la baguette de cette déteſtable Magicienne dans l'autre ; ſes yeux enflammés reſſembleront à ceux d'un crocodille ; ſon nez, au bec d'un griffon ; ſes tétons à découvert, ſeront pendans & pointus par le bout ; ſa robe, parſemée de flammes, ſera le ſymbole de ſon cœur & de ſon âme infernale ; elle ſera montée ſur un dragon, vomiſſant du feu, du ſang, de la fumée, & autres vapeurs peſtilentielles ; elle tiendra en croupe le Curé de Saint-Germain-l'Auxerrois ; un des renonciateurs à la modeſte paye accordée par la Nation aux honnêtes Eccléſiaſtiques qui ſe laiſſent donner les étrivieres ſans crier. Celui-ci, en beuglant comme un veau, dira : Ah ! mon cher père me l'avait bien dit, que je ſerais raſé (1) ! Mais la ſorcière de Chimay le careſſant de ſa baguette, lui répondra : Tais-toi, nigaud ; ne te viens-je pas de faire 5000 livres de rentes ? & puis ton Paroiſſien (2), qu'on mène actuellement par le bout du nez, comme un oiſon, ſera

(1) Le Curé de Saint-Germain-l'Auxerrois dépoſé, eſt fils d'un Perruquier. C'eſt madame de Chimay qui le conſole de ſon accident.

(2) Le Bourgeois actuel des Tuileries.

peut-être un jour le maître : va, laiſſe-nous faire, *ça ira.*

Confondus tous enſemble, les Seigneurs & autres Dames de la Cour, les unes en Bohémiennes, qui n'ont pas pu trouver la bonne aventure ; & les autres en ſinges & en ſatyres, fermeront cette marche pompeuſe, qui ſortira le jour où l'on célèbre mon anniverſaire, pour traverſer la Place Louis XV, où, arrivée, elle ſera trois fois le tour de la ſtatue, pour rendre hommage au grand papa, qui, monté comme un Saint Georges, annonce une phyſionomie bien trompeuſe.

Le Monarque de la jubilation boira alors un coup à ſa ſanté ; & la bande joyeuſe ſe remettant en marche, gagnera le Champ-de-Mars, où une colation, préparée par les ſoins du Général, de même qu'un arc de triomphe, & un trône, pour Sa Majeſté Cocagnoiſe, vanteront le fruit du zèle infatigable & des travaux de mille & mille nigauds.

Alors Mardi-Gras touſſa, cracha, reprit haleine, & continua ſon détail, tel qu'on le verra dans le Chapitre ſuivant.

CHAPITRE III.

CONTINUATION de l'expoſition de Mardi-Gras ſur le Carnaval de la préſente année; déguiſemens qu'il accorde à quelques Membres de l'Aſſemblée nationale, & généralement au Corps légiſlatif; maſcarade burleſque du Commandant-général de la Garde-nationale & du Maire de Paris, arrivée à la Barrière du Trône.

L'ASSEMBLÉE ariſtocratique & démocratique ſe réjouiſſait ſous cape d'avoir échappé aux projets de traveſtiſſemens qu'avait formés Mardi-Gras, pour le Carnaval de 1791, quand ce patron de la joie, dont l'intention n'était pas de la laiſſer ſi long-tems dans cette agréable incertitude, l'en tira, en continuant le détail intéreſſant de ſa maſcarade.

Pendant que la Cour & les maſques de ſa ſuite ſe rendront au Champ-de-Mars, le Général des Chianlits bleus, rouges & blancs, aura grand ſoin de faire tirer nombre infini de ſalves d'artillerie, d'autant mieux que la poudre ne lui coûte rien, & qu'il en fait faire faire de tems à autre un uſage proportionné à ſes rares & admirables qualités; témoin à Nancy, à Béfort & à la Chapelle, où dernièrement encore ſes bons & loyaux Chaſſeurs ſe ſont amuſés à fuſilier le Bourgeois, par forme d'amuſement. Mais puiſque ce fin matois me tombe ſous la main, je vais, foi de Mardi-Gras, le peindre tel que je veux qu'il ſoit accoûtré à cette grave & comique cérémonie, dont vous ſentez bien qu'il eſt néceſſaire qu'il faſſe les honneurs, pour plus d'une raiſon; d'abord comme Chef avoué de la Cour & de la Nation, qui a bonne confiance. Quant aux autres, tout le monde les connaît, mais on ne ſe les dit encore qu'à l'oreille : une fois le Carnaval expiré, on s'en entretiendra plus ouvertement; mais gare le mercredi des Cendres! Il ne faudrait pas deux ou trois avantures de Chaſſeurs, pour donner du rabat-joie à ceux qui ſe croyent bien fermes dans leurs étriers. Cela ſoit dit en paſſant.

Vous voudrez donc bien me pardonner, ſi, avant de faire mention de la plaiſante caricature que je vous deſtine, je donne la préférence au grand Inquiſiteur Bailly, & à ſon bras droit, le génie politique des Inſurgens.

Comme dans la journée que je prépare, il ne ſera pas queſtion de mettre perſonne à la lanterne,

lanterne. Mon joli gentil Général ne ſera pas en uniforme ; mais cependant je prétends qu'il ſoit monté ſur ſon beau dada blanc, qui, conformément aux intentions pacifiques de ſon cavalendour, l'amene toujours bribe-abattue dans une émeute populaire, trois ou quatre heures après que l'événement eſt paſſé, pour rétablir le bon ordre par ſa gracieuſe phyſionomie, ſes phraſes douces & bénignes, & en donnant libéralement à baiſer ſon gant parfumé, ou le haut de ſa botte; ce qui n'eſt pas une des moindres extravagances de mes idiots Pariſiens.

Le Général de l'Armée Nationale Pariſienne ſera donc vêtu en amazonne, & j'aurai grand ſoin de lui inſpirer de mettre ſur ſa figure blondine du rouge & des mouches, ce qui ſera moins ridicule que ſous la caſaque d'un Commandant-Général, coëffé à la tempérament. Il ſe trouvera à l'entrée de l'arc-de-triomphe du Champ-de-Mars, pour y recevoir la maſcarade royale. Mon intention étant d'éviter tout ce qui pourroit annoncer des intentions meurtrières, comme le ſeul prétexte plauſible de la Municipalité, il n'y aura point de Troupes ſous les armes; les Soldats de la Nation, traveſtis en femmes, ſeront garnis de la tête aux pieds de ces rubans mélangés décrétés par votre auguſte aréopage;

& les femmes en ſurtout d'uniforme, courant une cotte nationale bariolée, auront pour toutes armes des houlettes aux mêmes livrées. Eh bien, convenez-en, chacun de ces deux ſexes ne ſera-t-il pas bien placé?

A la deſcente de la Cour, de leurs chars & traîneaux, le Général la Fayette donnera la main à la bacchante Marie-Antoinette, & la conduira ſur le Trône : le repréſentant de Bacchus s'y placera à côté d'elle. Mais avant que la cérémonie commence, comme étant de toutes les parties, je vais vous y introduire.

Dans tous les états, il faut une diſtinction; voilà pourquoi je ne donne point de char à l'Aſſemblée Nationale : elle aura donc la complaiſance de ſe rendre au Champ-de-Mars à pied, & dans les différens coſtumes que je vais indiquer.

Mirabeau, ce Comte à dormir de bout, ſera vêtu comme l'était, dans le tems des fées, l'enchanteur Merlin; un grand bonnet ſur la tête ſe terminant en poignard, formera ſa coëffure : malgré la robe longue dont ce perſonnage faux & ignominieux ſera affublé, on en verra ſortir un ſerpent qui lui ſervira de queue : les extrémités de ſes mains & de ſes pieds ſeront garnies de griffes tranchantes, & on lira ſur ſon front : *Je ſuis le Patron de l'erreur populaire* ; il ſera placé entre la Superſtition & le Fanatiſme, leſquels ſeront repréſentés par *Barnave* & *Charles de Lameth* : la premiere aura ſur ſa toque deux oreilles d'âne, & le ſecond, ne reſpirant que le ſang, ſous le même coſtume du coupeur de têtes à la grande barbe, portera ſur ſon épaule droite un faiſceau de fuſils, de lances & de bâtons ferrés, & dans l'une de ſes mains, tiendra la lanterne de Jeannot (1).

Mon cher & féal Abbé Grégoire, en vertu de mes diſpoſitions, empruntera la robe du donneur d'eau bénite de Saint-Euſtache & d'une main tenant le bénitier, rempli d'eau ſacrée, & de l'autre l'*aſperges*, garni de poil de cochon, il exorciſera le magicien Mirapeau & ſes deux acolytes, en prononçant ces mots : *Abrenuntio Sathanes.*

Dépréme ſnil, ſous l'habit juif de *Judas Iſcariote*, ſuivra ceux-ci, tenant en main une bourſe d'argent, contenant une partie des de-

(1) Il y a deux mois que Charles Lameth dit impudemment, en ſortant de l'Aſſemblée : Non, nous ne finirons pas notre ouvrage, qu'il n'y ait encore quelques exploſions de lanterne. Eh ! c'eſt une âme honnête qui s'exprime ainſi ? Pourra-t-on le croire ?

niers provenans de la *contribution patriotique*: deux putains de la rue Saint-Honoré feront à fes côtés, l'une repréfentant l'Indécence, & l'autre la Proftitution : le Confeiller dénouera fa bourfe en leur faveur, & témoignera, par-là, l'ufage que la digne affemblée, de confort avec la Municipalité, a fait des deniers de la Nation.

Lebrun & Anfon, du Comité des Finances, paraîtront enfuite, ayant chacun fur le corps un habit de la petite livrée du Comte d'Artois, & un grand bonnet vert fur la tête, fur lefquels fera écrit : *Les exactions n'empêcheront pas la banqueroute.*

Le Couteulx de Canteleux fuivra ceux-ci, revêtu d'une robe fabriquée d'affignats; il tiendra dans fes mains un réchaud rempli de feu, dans lequel il jettera, de tems à autre, quelques parcelles de fon vêtement : on lira fur fon front : *Fumigation abufive pour le Peuple.*

Le petit Médecin Guillottin, travefti en fquelette, portera fur fes épaules une potence (1)

(1) On n'aura fans doute pas oublié que le Médecin Guillottin, peu fatisfait d'affaffiner, fuivant les principes de la Faculté, des innocens malades, donna encore des notions favantes pour exterminer des coupables en bonne fanté.

& une roue : en cet équipage, il conduira les Chaſſeurs de Barrière, & les Fermiers-généraux en chemiſe, nuds pieds, nuds têtes, & la corde au col, & tenant en main une torche ardente de cire jaune, du poids de deux livres, avec écriteau devant & derrière, portant ces mots : *Aſſaſſins & Voleurs.*

Saint-Fargeau, Député de Paris, & Membre de l'ancien Parlement, portera une robe rouge, ſur laquelle il y aura des larmes noires ; ſes reins ſeront ceints d'un crêpe ; & des pleureuſes ſur les manches de ſa robe, indiqueront ſa douleur : il aura ſur la tête un mortier renverſé, qui lui ſervira de coëffure, & cela de peur que les triſtes veſtiges de ſa foible cervelle ne s'évaporent.

Alexandre de Lameth, vêtu en grand Seigneur turc, traînera à ſa ſuite les eſclaves de la Conſtitution, chamarés des livrées nationales, & enchaînés. Thouret, vêtu en Eunuque, & armé d'un fouet, fera marcher de force ou de gré ces eſclaves, courbés ſous le joug de la tyrannie du côté gauche, & au nombre deſquels on reconnaîtra Duport, Goupil de Préfeln, Martineau, Buzot, Lanjuinais, André, Chabroud, Emmery, Montlauzier, Rœderer, & Bouche d'or.

Clermont-Tonnerre, en habit de Porte-faix, & tout déguenillé, portera, dans une hotte, la collection volumineuse des décrets de l'Assemblée Nationale. Comme tout Paris n'ignore pas que ce poids est pour lui pénible à supporter, je n'ai pu, je crois, lui donner une meilleure caricature.

L'Abbé Maury sera travesti en vénérable Savetier, sa manicle dans une main, & une forme dans l'autre : il aura sur sa tête un bonnet de leine rouge, & devant lui le révérend tablier ; sur ses épaules, son manteau court, sur lequel il y aura un écriteau portant ces mots : *Une échoppe pour toute Abbaye, & de vieilles empeignes pour tout revenu* ; des Recarleurs de souliers l'escorteront, & lui rendront hommage, en lui disant : *Honneur au nouveau Réparateur de la chaussure humaine.*

Pardieu, sous le costume d'un Paysan bas-Normand, tiendra des liasses de rapports ; à sa mode, il aura un masque indiquant la bonne-foi, la candeur & la probité d'un Manceau ; comme Homme de Loi, il aura sur son surtout de Paysan, la robe d'un ci-devant Procureur au Châtelet.

Après lui paraîtra l'Abbé Sieyes, déguisé en Correcteur d'Imprimerie ; Durosoy, Clément,

Audoin, Tellier, Maradan, Beuvin, Mercier, Marat, armés de poignées de verges, fuſtigeront cet ennemi de la liberté de la preſſe, & le contraindront à porter ſur l'autel de la Patrie, d'énormes paquets de l'Ami du Peuple, du Journal de la Cour & de la Ville, du Journal Univerſel, des Annales du Dramaturge, & autres bucoliques à deux ſols; des Compagnons Imprimeurs ivres, l'accableront de reproches, conçus en ces termes : *Ah! coquin, c'eſt ainſi qu'on traite ceux qui, comme toi, prétendent attenter aux droits de l'homme.*

La Rochefoucault, Noailles & Liancourt viendront enſuite, montés ſur des roſſes, la lance au poing, le caſque en tête & le bouclier au bras; un Porte-guidon du Département de Paris, tiendra un drapeau, ſur lequel ſera écrit : *Voilà les Doms Quichottes de la Nation.*

Le reſte de l'Aſſemblée Nationale, confondu pêle-mêle, ſera conduit cérémonialement par Cazalès, vêtu en Sauvage, & couvert de feuilles de cyprès (1). La fauſſeté, la trahiſon, la baſſeſſe, la crapule & l'intérêt ſeront perſonnifiés par l'Abbé Gouttes, Puyſieux, Merlin, Duport & Pujotz. Chacun des autres Membres aura pour

(1) Arbre conſacré par les anciens aux funérailles.

coſtume, l'enveloppe emblématique de ſes paſſions: l'intrépide Foucault ſera revêtu d'une peau de loup, & aura ſur la tête un bonnet composé de plumes de chat-huant.

Dans ce groupe, à-peu-près diabolique, on diſtinguera Foileville, Viellard, Duportail & Fermond, vêtus en Catalans, ayant à leur tête le Père Gérard, habillé en Savoyard, & jouant de la muſette; de cette manière, ils conduiront, avec de gros bâtons, l'Abbé Fauchet, marchant à quatre pattes, enveloppé dans une peau d'ours; & depuis le manège, où chacun d'eux aura quitté ſon ratelier, juſqu'au bord de l'eau, ils feront faire à cet animal montagnard de nouvelle fabrique, de dix pas en dix pas, trois ſauts ou trois culbutes, en l'honneur de la Nation, de la Loi & du Roi. Quelques Députés, en habits de Savoyards, accompagneront cette groteſque maſcarade, en répétant avec acclamations: *Bravo! bravo! l'animal Fauchet ſaute à merveilles.*

Comme le pont de bateaux conſtruit pour la maſcarade fédérative du 14 Juillet 1790, ne ſubſiſte plus, & qu'il eſt cependant néceſſaire de paſſer de l'un à l'autre bord, le Maire Bailly, ſous le traveſtiſſement de Caron, le nautonnier des enfers, paſſera dans ſa nacelle, non pas des

des âmes ſans corps, mais tous ces différens corps ſans âmes : il aura, comme ce batelier ſempiternel, la figure hâvre & allongée, le corps deſſéché, le regard dur & farouche ; & tout auſſi avide de gain, que le paſſeur des ſombres bords, il exigera trois deniers par chaque mortel qui traverſera la rive. Ce n'eſt pas trop. Je lui laiſſe ce ſalaire, comme ſucceſſeur des droits de rivière, du Prévôt des Marchands, maſſacré par une populace aveugle & barbare, à la Place de Grève. Cette ſucceſſion eſt déjà regardée par les perſonnes de bon ſens, comme un préſage de ſa deſtinée.

Le cortège de l'Aſſemblée Nationale, ainſi maſqué & traveſti, ſe réunira au Champ-de-Mars, à la maſcarade royale, laquelle, après les cérémonies, dont je vais donner un court analyſe prendra le chemin de la Métropole.

Cérémonies du Mardi-Gras au Champ-de-Mars.

L'AMAZONNE la Fayette, après la gogaille terminée, prendra la main de la Bacchante Marie-Antoinette, & danſera avec elle le menuet de la Cour, que les violons termineront par *baiſez-baiſez*.

M. Staniſlas-Xavier Clermont-Tonnerre, la

Rochefoucault, & Liancourt, iront prendre Madame de la Fayette, Madame Staniſlas-Xavier, la Princeſſe de Chimay, & Madame Eliſabeth, pour que le quadrille ſoit complet: la Princeſſe de Chimay gardera ſon habit de Médée; les autres prendront les traveſtiſſemens d'*Alecto*, *Tyſiphone & Mégère*, & alors ils danſeront à huit la contredanſe *la Mirabeau*, danſée avec ſuccès aux Guinguettes de Paris.

Le Prince de Poix, en habit de Troubadour, jouera des caſtagnettes, & la Balby, dont le poignet eſt ſi dégagé, jouera de la vielle.

L'Abbé Boſſu, ci-devant Curé de Saint-Paul, couvert de la dépouille funéraire du Marquis de Favras, dont il a recueilli les dernières paroles, exécutera une valſe avec la Marquiſe de Lhopital (1), qui ſera vêtue en Bohémienne, tandis que le ci-devant Curé de Saint-Roch, vêtu en Chinois, danſera l'allemande avec Madame de la Roche-Aymon, traveſtie en pucelle de la rue Jean-Saint-Denis.

Pendant que ce bal durera, Sa Majeſté vuidera ſon tonneau, & abreuvera l'aſſiſtance; puis, l'Archevêque de Rouen dépoſé, montera

---

(1) C'eſt pour ce Calotin, que cette vieille & mépriſable Marquiſe a fait banqueroute, tout noviſſimé.

à l'autel de la Patrie, pour entonner un *Te Deum* en action de grâces, lequel sera répondu en chœur par la joyeuse assemblée; enfin, chacun reprenant son rang & sa place, les Mascarades royales & nationales s'achemineront par le fauxbourg Saint-Germain, au bruit des huées de la populace, criant au Chianlit, & iront visiter les masques de l'église Notre-Dame, comme cela se pratique.

CHAPITRE IV.

INFLUENCE de Mardi-Gras sur les Mascarades ecclésiastiques de la Métropole. Travestissemens bisarres de quelques Prêtres, nommés Curés par l'effet du scrutin. Costumes facétieux de quelques Prélats, & de certains Membres de la Municipalité.

LE ridicule fut toujours mon apanage; cependant, à travers celui dont je me plais à couvrir les partisans de la folie, je jette aussi des nuances de vérité, qui décèlent mes prosélytes. De grâce, Messieurs les dignes Représentans, ne vous formalisez pas de mes opérations; & si le dépit vient à s'emparer de vos esprits, en m'entendant faire le détail des bamboches, dont je prétends composer mes fêtes de 1791, ressouvenez-vous bien que depuis le jour où la Vierge Marie vint offrir son *Populo* divin au Seigneur, qui veut, à ce qu'on dit, passer toujours pour son Père, en dépit de la raison, de Voltaire, de J.-J. Rousseau, & de moi, Mardi-Gras, jusqu'au funeste lendemain du Mercredi des Cendres, car ce jour-là m'appartient encore, tout doit être de carnaval. Dans cet intervalle, comme vous ne l'ignorez pas, attrape qui peut, & vous savez si bien mettre cette pratique en usage, que vous auriez réellement tort de prendre de l'humeur.

Ne vous scandalisez donc pas, si j'ai choisi la Métropole, pour y pratiquer mes orgies. Il y a long-tems que les Ministres du Seigneur, tout ainsi que dans les autres églises, y ont établi un carnaval perpétuel, & y ont représenté des farces sacrées, qui tiennent de bien près à la profanation. Quand un Christophe de Beaumont, cet outré moliniste, s'y déchaussait & s'y rechaussait, dans le Sanctuaire, comme au milieu de sa garde-robe, nierez-vous que ce ne fût là une mascarade impie dont Mardi-Gras peut seul être l'inventeur ?

Et quand un fourbe revêtu de l'habit du sacerdoce, levait en l'air une gaufre divine, avec les mêmes mains dont peu d'heures auparavant il venait de palper les fesses ou les appas d'une divinité d'un genre subalterne; qu'il alimentait ses entrailles de ce pain sans levain, ainsi que celles de trois ou quatre mille sots & sottes crédules, à qui il faisait avaler cette denrée de mince aloi, paîtrie par le Pâtissier du coin, par des mains tout aussi impures, vous conviendrez que c'est encore là une de ces ruses dignes du carnaval (1).

Maintenant ce sont d'autres farces que je fais exécuter à la Métropole : c'est là qu'on procède, sous les auspices de Mardi-Gras, à la nomination des Curés de Paris, destinés à remplacer les Ecclésiastiques qui ne se sont pas laissé éblouir par le clinquant du patrio-

---

(1) Le Pâtissier Quêtier fournit, en 1775, à Midor, Curé de Saint-Paul, âme damnée de la Bulle UNIGENITUS, le mémoire suivant :

Fourni à M. le Curé, dans le courant de l'année 1775, 578 tourtes de franchipane, 2000 tourtes de godiveau, 200 colifichets non-consacrés pour ses serins, & un quintal de corps, sang, âmes & divinités de Jésus-Christ, pour ses Paroissiens. Le Pâtissier étoit le marchand en gros, & le Curé & ses Commis, les colporteurs de l'Etre suprême. C'est une belle chose, que le divin grimoire!

tifme, & qui ont préféré de plutôt abandonner le presbytère, que de fauver un léger débris de leur revenu, en fe foumettant à des loix tyranniques, qu'ils ne pouvaient recevoir que de la puiffance divine. Ainfi fait le voyageur arrêté fur une grande route par une troupe de voleurs de grands chemins, qui, la force en main, vuide fon efcarcelle. Que peut-il mieux? Il fe réfigne, & abandonne tout, pour ne fe pas faire tuer pour le refte.

Sur un amphithéâtre décoré par l'ineptie, la folie & la fottife, à-peu-près comme nos tréteaux d'opérateurs, Mardi-Gras a fait dépofer deux pancartes, portant cette infcription : *La Nation, la Loi & le Roi.* Au milieu de ces deux épitaphes de la gloire & du bonheur des Français, fubfifte le nom de Dieu : cette farce de Carnaval vaut bien les autres ; car en examinant cette charade groffière, les gens fubtils & clairvoyans ne s'imagineront-ils pas voir Jéfus-Chrift placé entre deux larrons? Auffi, chaque jour d'élection, le Préfident, chargé d'y furveiller, fe place modeftement fous le mot *Dieu*, & y figure fous les vêtemens de *Barabas*: il porte une chaîne d'or au col, à laquelle pend un triangle, fymbole de l'union & de l'égalité ; c'eft-à-dire, l'*hypocrifie*, *les fubterfuges & le coquinifme nous réuniffent; ce font là nos trois points de rallîment.*

Depuis l'ouverture du Carnaval, chaque dimanche a éclairé différens de mes tours de paffe-paffe. Du Temple de Dieu, du Siége du catholicifme parifien, Mardi-Gras a fait tout-à-la-fois fix loges de fous, fix tanières de renards rufés, & fix repaires à fripons (1). Cependant, je vous l'avouerai, avant que de fuggérer cette idée à la fage & fublime Municipalité, j'ai long-tems balancé, & j'ai flotté entre la crainte & l'efpérance. J'appréhendais quelque nouvelle incartade de la part du moteur univerfel, & qu'il ne lui prît fantaifie de venir chaffer à grands coups d'étrivières, comme il fit au tems jadis, les vendeurs du temple de Jérufalem, ces agioteurs, ces accapareurs de voix, ces négocians de places facerdotales, ces réfractaires & ces impies; mais graces à l'engourdiffement qu'éprouve depuis long-tems le Père Eternel, j'en fus quitte pour la peur, & je vis avec fatisfaction qu'il laiffait procéder à cette foire de *prêtrailles* tout auffi tranquille-

---

(1) Ce font les fix Bureaux où on procède au fcrutin pour la nomination des Curés.

ment qu'à la vente du bétail aux marchés des porcs & des veaux.

Il fut cependant un tems où il n'aurait pas avalé cette dragée auſſi complaiſamment; & lorſqu'il fit le choix de ſes douze Apôtres, s'il eût pris fantaiſie à Ponce-Pilate, à Caïphe, ou à Hérode lui-même, de faire prêter un ſerment civique à ſes douze ſuivans & imitateurs, ou au défaut de ce, de les deſtituer, & d'en nommer douze autres, je crois que la Municipalité du lieu n'aurait pas été fort à ſon aiſe. Il eſt vrai qu'il a remis ſes pouvoirs à ſon ſucceſſeur à Rome, pour ne plus être embarraſſé des affaires d'ici bas; mais ce ſucceſſeur, qui craint plus les canons enlevés à nos Princes, que les canons de la meſſe, ſe f*** de ces vétilles. Puis-je n'en pas faire autant, moi, Mardi-Gras, l'ami du plaiſir, le Préſident perpétuel de toutes les farces, & l'organiſateur de toutes les têtes conſtituantes?

Une meſſe ſolemnelle a précédé l'ouverture de ce ſpectacle ridicule: un de mes enfans, ſermentaire, bien entendu, y a requis le Saint-Eſprit, en vertu de ſon autorité ſpirituelle, de deſcendre au milieu de ces troupes de fous, de renards & de fripons, & de les éclairer de ſes lumières. Soit que, dans ce moment, ce doux blanc pigeonneau fût endormi ſur le giron de la Vierge Marie, ſoit qu'il fût occupé à donner quelques bécos aux colombes de la volière céleſte, pour nous envoyer encore un fruit de ſa bénigne opération, le Saint-Eſprit a demeuré coi à ſa place; & pour peu qu'on raiſonne, on en demeurera ſûrement d'accord; car, comment ſe figurer que la troiſième perſonne de la Sainte Trinité veuille ſeulement, un ſeul inſtant, ſe compromettre en ſi mauvaiſe compagnie?

Des Electeurs poudrés & parfumés, ayant inſolemment le chapeau ſur la tête, y outragent la Divinité, par l'uſurpation d'une autorité illégitime; celui-là y parle des charmes de ſa maîtreſſe; l'autre, du gain qu'il fait ſur le commerce honteux des aſſignats; celui-ci de ſon chien, & d'autres de la bêtiſe du Peuple, & de la dépendance & baſſe ſoumiſſion du Clergé.

A leur imitation, la populace y rit, chante, & fait des calembourgs ſur les Eccléſiaſtiques deſtitués de fonctions par le bras ſéculier du deſpotiſme, traveſti en patriote. Quelques-uns, moins oiſifs, fouillent dans les poches & dans les gouſſets, & ſortent de ce magaſin de calottes proſcrites & proclamées, en ſe diſant *qu'à quelque choſe malheur eſt bon.*

Les filles publiques de la rue de la Lanterne, & du petit Pont de l'Hôtel-Dieu, y font leurs quarts de ſoirées dans les chapelles des bas côtés & derriere le chœur; les Factionnaires nationaux ferment les yeux pour un coup de poignet, & ſouvent l'effuſion de la liqueur ſpermatique annonce, en même-tems que le tintement du bourdon de la Métropole, que Monſieur le Préſident de l'élection a nommé, d'après le réſultat du ſcrutin, un nouveau Miniſtre de l'évangile. Peut-on être appellé au ſaint miniſtere ſous des auſpices plus favorables?

Or donc, pendant la durée du Carnaval, ces ſcènes qui en ſont émanées ne changeront pas d'ordre. Le jour du Mardi-Gras, je rendrai la maſcarade complette; & lorſque les chianlits royaux & nationaux, c'eſt-à-dire, les maſques de la Cour, & ceux qui compoſent votre illuſtre Aſſemblée, arriveront à la Métropole, tout y ſera diſpoſé pour les recevoir de la maniere que je vais le déduire.

A leur entrée, les bourdons ſalueront le cortège maſqué; les cloches de l'hôtel où Dieu ſe plaît à loger parmi les emplâtres, les morts & les mourans, ſacrifiés à l'inhumanité à la barbarie, & à l'avarice d'un certain nombre de créatures avouées de la Nation, ſonneront en grand branle ; celles des Enfans-Trouvés feront *chorus* Combien de Députés, tels que Bouche, Dupont & Mirabeau, sentiront leurs entrailles s'émouvoir, en entendant le son argentin des cloches de cet hôpital d'orphelins, abandonnés, sans rougir, à la férocité des Administrateurs, & à la compassion publique (1)!

Arrivée à la Métropole, la mascarade joyeuse se partagera en deux bandes, qui se placeront sur les deux bas côtés de la nef, & le Président de l'élection, par politesse, cédera son fauteuil au Monarque grivois qui s'y placera sans cérémonie : aux quatre coins de cet amphithéâtre, seront de Juigné, ci-devant Archevêque de Paris ; la Rochefoucault, ci-devant Archevêque de Rouen ; Machault, ci-devant Evêque d'Amiens, & Grimaldi, ci-devant Evêque de Noyon, tous quatre travestis en femmes, ayant chacun une quenouille à leur côté ; à leurs pieds

(1) Depuis le séjour de l'Assemblée nationale dans la Capitale, le nombre des prostituées est augmenté de 720 ; la nouvelle organisation des Sections en a produit au moins autant ; chaque District en a une certaine quantité pour le service de son arrondissement ; de manière que le nombre des enfans-trouvés, mis au monde par la prudente Assemblée, monte à 600 & tant par chaque année ; & ceux provenant des Sections, au nombre double.

ſeront leurs remplaçans, au nombre deſquels on diſtinguera le Curé de Villeneuve-le-Roi, nommé à l'Evêché de Rouen, dont le proverbe favori eſt *à Normand, Normand & demi.*

Le Cardinal de Rohan célébrera pontificalement la Meſſe, en habit de Rabbi de la ſynagogue juive ; les ſieurs Bohémer & Baſſange (1) la répondront. Les ſieurs *Duclos* & *Neveu*, deux Archidiacres du diocèſe pariſien, vêtus en diablotins, porteront les cierges, & l'orcheſtre bachique de Mardi-Gras exécutera *l'Introït*, au moyen des variations de l'air, *Ah! ça ira, ça ira.*

Comme cette plaiſante meſſe ſera célébrée avec toutes les cérémonies requiſes, l'Evêque de Grenoble, & celui d'Orléans, y joueront les rôles de Turiféraires, & au lieu d'encens odoriférans, ils feront brûler dans leurs encenſoirs de l'eſprit-de-vin, avec lequel ils parfumeront les mouſtaches de l'aſſiſtance ſoporifique agréable pour Sa Majeſté, qui commençant à être déja dans les brindeſingues, s'endormira ſur le trône de l'élection, & ronflera majeſtueuſement pendant le reſte de la célébration.

---

(1) Les deux Bijoutiers du collier eſcroqué par la Reine & compagnie.

Le Cardinal de Bernis, venu exprès de Rome en poſte ſur la mule du Pape, ou de l'ante-chriſt, pour cette cérémonie, portera la Croix, & du Chœur au Tréſor, du Tréſor au Chœur, ne manquera pas, ſuivant ſa mode coutumiere, de pſalmodier des madrigaux à Chloé, & des ſtances irrégulieres ſur le revers de médaille de ſon ganimede italien (1).

Au lieu & place du *Credo*, le célébrant entonnera la formule du ferment civique, qui ſera continuée en chœur, par les porte-ſoutannes qui ont abandonné les droits de l'Egliſe, & vendu leur pureté de conſcience à la Nation : pendant lequel tems les quatre Prélats traveſtis en femmes, ainſi que les Curés dépoſés de Saint-Germain-l'Auxerrois, de Saint-Paul, de Saint-Roch, de Sainte-Marguerite, de Saint-Séverin, &c. &c. accompagneront ce chant lugubre d'hurlemens & de grimaces, qui produiront des diſſonnances très-agréables pour les oreilles patriotes.

Les Chanoines des Métropoles de Paris, Rouen, Grenoble, & autres, vêtus en ſarots de toile griſe, un bonnet de laine ſur la tête, &

---

(1) On ſait que ce Cardinal bel eſprit, s'occupe ſans ceſſe de poéſies, de jolies femmes & de beaux garçons : c'eſt un de nos fermentaires conditionnels.

portant pour *aumus* une peau de tigre, mêleront à cette ſanfare burleſque, cette chanſon ſi connue : *Ça ne durera pas toujours*, &c. (1).

L'Abbé Copet, nouveau Curé de Saint-Germain-l'Auxerrois, en qualité de Paſteur de la Cour, fera le prône, qu'il précédera non de la lecture de l'Evangile du jour, car Mardi-Gras n'en connaît pas, mais de *l'Epître à Uranie*, & de quelques principaux articles de la conſtitution nouvelle du Clergé, qu'il commentera enſuite à l'aide du diſcours de Mirabeau, que, pour cet effet, il apprendra par cœur.

L'Abbé Gérard (2) fera la quête, & muni des deniers, il s'éclipſera pour les répartir entre les mains de divers Reſtaurateurs, qui ne veulent plus faire crédit à de certains Membres de l'Aſſemblée, pour préparer le dîner à l'Archevêché prohibé de l'Egliſe de Paris.

L'Abbé le May, nouveau Curé de Sainte-Marguerite, ſoufflera le prône ſur l'eſcalier de la chaire, que, depuis les ſermens eccléſiaſtiques, on ne doit plus regarder comme la chaire de vérité, & dans les intervales de re-

(1) Dont le refrain eſt l'air, chantons LÆTAMINI.

(2) Ancien Curé de Saint-Landry, nommé à celle de Saint-Severin.

pos que prendra le Prédicateur, il ne cessera de lui répéter : Ne parlez pas de Dieu, morbleu, ni de la Vierge, ni de tous les Saints du Paradis, si vous voulez avoir part aux faveurs de la Nation. La constitution, cette même Nation, la Loi, le Roi, voilà tout ce qu'il faut maintenant pour devenir Evèque, voire même Cardinal (1).

La Princesse de Chimay, montée sur son dragon, rendra le pain béni, non pas à la manière décrétée par l'Assemblée, mais en belles & bonnes brioches, pour l'achat desquelles & autres menus frais, la Municipalité a déjà fait demander au Comité des Finances, sur la Caisse de l'Extraordinaire, une somme de 14,000 liv.

Toute la mascarade tant civile & ecclésiastique, que législative & militaire, ira ensuite à l'offrande, qui ne sera perçue qu'en assignats. On n'en pourra présenter au-dessous de cinquante francs. La raison pour laquelle le papier tiendra place de numéraire effectif, c'est que depuis que le Roi, la Famille royale, &

---

(1) Tels sont les sentimens de nos fonctionnaires actuels; l'ambition, l'avarice ont chassé les anciens; l'ambition & l'interet ont placé les nouveaux.

notamment Mesdames de France (1) qui fuient si inconstitutionnellement, il devient de plus en plus rare.

La cérémonie achevée, la clique masquée prendra le chemin de l'Archevêché, où cinquante tables seront dressées. L'Abbé de Maroles, nommé remplaçant à l'Evêché du Département de l'Aine, bénira les viandes, les vins de Bourgogne, Champagne & Rota, l'eau-de-vie (2) & les liqueurs; ensuite chacun se farcira la panse en l'honneur de Mardi-Gras, instituteur de cette journée bachique & mémorable.

Après le repas, dont la sobriété sera exilée, comme une plus grande ennemie, B. Cl. Cayer, Substitut & Adjoint du Procureur de la Commune, représentant le monstre de la chicanne, & le mode des procédures nouvelles, haranguera la Cour & l'Assemblée nationale, & invitera l'une & l'autre d'honorer de leurs

(1) On a arrêté, le lundi 14 Février, une diligence contenant 8 millions appartenans à Mesdames de France. Si ce premier convoi eût passé, l'argent du Roi décampoit aussi; mais ce qui est différé n'est pas perdu. La Fayette est, dit-on, au désespoir de cette arrestation.

(2) Cette boisson est devenue royale, depuis que le Patron l'a adoptée.

ſacrées préſences, le bal que la Municipalité pariſienne, les Juges de Paix des quarante-huit Sections, les Secrétaires & Greffiers, & les Commiſſaires de police ont réſolu de leur donner, aux dépens des Ouvriers des atteliers de charité publique, qui, pour cet effet, ſont diminués de quatre ſols par jour (1).

M. F. Duport du Tertre, dont je n'ai point encore parlé, ſur un habit noir rapiécé, aura la robe de Meaupou, les ongles de l'Abbé Terray, la rotonde herminée de Miromeſnil, le nez du Chevalier de Lhopital, les yeux de Lamoignon, & le front de Necker, abandonné par cet ex-miniſtre, lors de ſon ſecond retour à Paris. Sous cet attirail, il ira prendre, à genoux, les intentions de Sa Majeſté, qui, après s'être enquis de lui, s'il y aura à ſouper à l'Hôtel-de-Ville, lui verſera à boire par reconnaiſſance,

---

(1) Si cette diminution était bien employée, ce ne ſerait encore que demi-mal; quand le nombre même ſubirait du retranchement, ce ne ſerait point encore un dommage; il y aurait moins de bandits rôdans & raſſemblés autour de Paris, & moins d'émeutes à appréhender; mais la Municipalité a ſes raiſons pour les tenir à ſes ordres; & ſi jamais la contre-révolution, qu'on commence à deſirer, a lieu, ce ſeront ces ſoldés de l'Hôtel-de-Ville, qui en commenceront les premiers effets.

& ſe levera pour prononcer le petit diſcours ſuivant, tourné à la Louis XVI.

« Si je n'étais pas certain de me mettre à » table en arrivant à l'Hôtel-de-Ville, où j'eſ- » père qu'on ne me fera pas la grimace, comme » au mois d'Octobre 1789, je reſterais ici, où » je trouve bon vin, bonne chère & grand feu. » Mais j'agrée votre propoſition. Je vous re- » commande ſeulement le ſoin du buffet : mon » Chancelier vous dira le reſte ».

Des battemens de mains empêcheront M. F. Duport de prononcer ſon diſcours; puis au ſon des inſtrumens, la maſcarade prendra le chemin de l'Hôtel-de-Ville, dont, par avance, j'aurai préſidé l'arrangement.

CHAPITRE V.

Réception des Mascarades royales, nationales & épiscopales à l'Hôtel-de-Ville, par Sylvain Bailly, & l'Amazone la Fayette. Poupées de l'Armée Parisienne. Costumes des Juges de Paix, des Greffiers, & autres Officiers Municipaux. Bal de nuit, & conclusion de la journée de Mardi-Gras. Cérémonie des Cendres.

DU moment que le Maire de Paris, Bailly, ce tartuffe Bailly, aura, sous la figure & le travestissement de Caron, passé les Membres de l'Assemblée Nationale, du Quai de la Conférence au Champ de la Fédération, comme cet emploi n'aura plus besoin de son ministère, il se transportera à l'Hôtel-de-Ville, pour procéder à la réception des Masques venant de la Métropole; & pour ne pas causer de disparate, dans cette auguste assemblée, il se travestira de cette manière.

Une queue de cheval lui servira de perruque à la conseillere, & il aura sur la tête un énorme bonnet à trois cornes, dont les deux de côté défigneront, l'une la baffeffe, & l'autre la turpitude ; celle du milieu, femblable de forme à celle de la chèvre Amalthée, défignera l'abondance & la quantité des gafpillages du Maire de Paris, tant à l'égard des contributions patriotiques, partagées entre lui & fes adhérens, qu'à celui de la caiffe des revenus municipaux.

Il aura fur le corps une fimarre rofe, bleue & blanche ; il fera entouré, fur le perron de l'Hôtel-de-Ville, où il attendra le cortége qui fera en marche, d'une foule d'Officiers Municipaux, déguifés en mouchards, parmi lefquels on reconnaître l'aigrefin *Tiron*, le débauché *Houffemaine*, & le perturbateur *Dacier.* J'ai mes bonnes raifons, pour traveftir ces dignes Meffieurs en limiers de la Mairie, & j'apprendrai à ceux qui pourroient être inquiets fur mes motifs, que la plupart de ces Polichinels de l'Adminiftration, notamment ces trois derniers, font journellement & baffement leur cour au Maire de Paris, en trahiffant les Libraires du Palais-Royal, & autres endroits, où, fous le prétexte d'acheter des livres, ils s'introduifent, recherchent, examinent, & font en un mot, & fans détours, le même métier qu'exerçaient ci - devant à Paris, Henry & Cantin (1).

L'amazone la Fayette, quittera le cortége en route, pour se mettre à la tête de la troupe toute déguisée, tant en Femmes, qu'en Pierrots, Savoyards, Porte-faix, Espions, Voleurs, &c. & se réunira au Maire Bailly : il aura seulement à côté de lui,

Le sieur Gouvion, son Major-Général, habillé en poupée du Palais-Royal, coïffé en femme, & à la Nation; un ruban aux trois couleurs, servira de barrière à sa coïffure, & il aura sur le corps un domino de taffetas rose : dans une de ses mains, il tiendra un évantail, & de l'autre, la marotte de la folie ; au lieu de blanc, de mouches & de rouge, il portera sur la figure le masque de l'impudence, dans

(1) C'est à la sollicitation de ces trois gredins de la Municipalité, que le District de Saint-Roch ravage journellement les boutiques des Libraires du Palais-Royal, sans aucun égard pour les propriétés, tandis que Bailly fermait les yeux sur les tripots de jeu de ce même endroit : ce n'est qu'à son corps défendant, qu'il vient nouvellement de déclarer la guere à ces derniers ; mais ce qu'on ne croira qu'avec peine, c'est que les bons ou mauvais livres saisis & volés au Palais-Royal par la Garde bleue, ont été ensuite revendus par la Municipalité. Il faut bien faire argent de tout.

les traits duquel on reconnaîtra ſans peine l'arrogance, la fatuité, mêlangées avec la dureté.

Pour ſecond acolyte, l'amazone la Fayette aura Julien, l'un de ſes Aides-des-Camp, traveſti en Enfant-de-Chœur; ſa coîffure à la Jockey, qu'il porte avec affectation, lui ſervira pour ce déguiſement. Celui-ci, je le mets en Enfant-de-Chœur, pour que la tranſition ſoit moins vive. Qui peut ne pas ſavoir qu'avant ſon avancement, l'Aide-de-Camp Julien ne rougiſſait pas de vivre par le moyen des émolumens d'une charge de Sacriſtain de B...?

Les Commandans de Bataillons ſeront vêtus avec les houppelardes des Griſettes du Palais-Royal, qui, pour nantiſſement, leur feront laiſſer leurs habits d'uniforme : ce déguiſement n'en ſera pas un, puiſque ce ſera même cœur & mêmes habits ; mais qu'y faire?

Sur le même perron, ſe trouveront encore quelques autres Officiers Municipaux; ſavoir : les ſieurs Adelle, Mabille & Doucet; le premier, traveſti en enfant, tenant un hochet : il aura un bourrelet, & ſur ſa robe des liſières ; le ſecond ſera coſtumé comme l'Avocat Patelin, & tiendra ſous ſon bras la pièce de drap de M. Guillaume ; & le troiſième, en garçon de cabaret, un broc de vin ſur la tête (1).

Derrière la Municipalité ; ſeront les Juges de Paix des quarante-huit Sections Pariſiennes, à la tête deſquels ſeront les ſieurs Verdier de la Section de Beaubourg ; Moreau, de la Section de Saint-Honoré, & Arthur, de la Section des Halles. Ces Juges de Paix ſeront habillés en grande robe noire, comme le fripon de Baſyle, dans l'infame Comédie du Mariage de Figaro, du ſcélérat de Beaumarchais ; ou bien comme l'étaient les Huiſſiers d'autrefois, à leur mémorable proceſſion du lendemain de la Trinité ; ce qui faiſait, avec raiſon, dire au Peuple, que les diables étoient ſortis de l'Enfer.

Ces Juges de Paix auront tous un chapeau rabattu ſur la tête, & un corbeau perché ſur l'épaule ; ils tiendront, d'une main, les balances inégales des Marchandes de beurre de la Halle, & de l'autre, des faux poids ; augure bien flatteur pour la Nation.

Immédiatement après les Juges de Paix, ſuivront Meſſieurs leurs Greffiers, en robes longues, garnies d'Arrêts dictés par le Code pénal & conciliateur de l'ancien Parlement. Les

(1) Le tout pour rapprocher les naiſſances.

Greffiers Iſabeau & Durand, chargés de leurs inſtructions, ſeront à leurs côtés: le Franc, cet inſigne apôtre de Cartouche, tout chamarré de paperaſſes, leur taillera leurs plumes, & le Diable leur ſoufflera à l'oreille le Procès-verbal des folies de ce jour, & tous ceux qu'ils dreſſeront par la ſuite.

La Chambre Syndicale des Libraires, plus entêtée que jamais de ſon deſpotiſme inquiſitorial, & qui, dans ce moment, ſera en députation à la Ville, en robe traînante, participera à la farce, ayant à ſa tête Démery, qui n'aura pas quitté ſon traveſtiſſement de l'ancien régime, celui de Mouchard inſpecteur. Les ſieurs Nyon, de la rue du Jardinet, en coſtume du pilori, le bonnet vert ſur la tête; Knapen père & fils, tous deux habillés en Ramaſſeurs de chiffons, ayant ſur le corps une hotte remplie de livres confiſqués; le maigre échine Cailleau, en Chaircutier, tenant un cervelas de chaque main, ſymbole de ſon individu; & Mérigot le jeune, en habit d'eſcroc privilégié des anciens Lieutenans de Police, avec cette deviſe: *Sans peur & ſans honneur.*

J'aurai ſoin que la grande ſalle, où la maſcarade municipale, réunie aux autres, ſera le Mardi-Gras, ſoit ſuperbement ornée; & comme

en

en pareille occaſion rien ne coûte à cette Municipalité, qui pêche en eau trouble, la façade de l'Hôtel-de-Ville, brillamment illuminée en luſtres compoſés de petites lanternes allégoriques, ſera ornée de légendes & penſées lumineuſes, toutes auſſi tirées aux cheveux que celles qui y étoient dépoſées le jour que le Roi de France vint à l'Hôtel-de-Ville, à une époque où il ne ſe trouvait pas, pour lui, le moindre petit mot pour rire.

Le fameux reverbère du coin du Roi, ſera orné de guirlandes; ſa corde & ſes poulies ſeront préalablement viſitées, afin que ſi le Peuple, qui commence à s'appercevoir qu'on le berne, voulait finir cette comédie de carnaval par une tragédie à la 14 Juillet, il en puiſſe prendre à ſon aiſe, ſans être expoſé à étouffer ſur le pavé les amazones, ou tels autres objets de récréations qu'il ſe ſera choiſis.

Au moment où les chars & les traîneaux commenceront à paraître, le Maire Bailly ira préſenter au Monarque les clefs du grand Châtelet, de l'Abbaye Saint-Germain, de l'hôtel de la Force & de la Conciergerie, que le Roi refuſera en conſéquence du digne uſage qu'en font ce Magiſtrat & le Commandant-Général, qui en ouvrent & ferment les poftes à leur volonté.

Tous les Mafques s'étant raffemblés dans la grande falle de l'Hôtel-de-Ville, pour diftraire la canaille & les affamés, on jettera, dans la Place de Grève, des petits pains & des cervelas, & on fera couler des fontaines de vin; le Peuple enthoufiafmé d'une pareille fottife, beuglera à tue-tête, *vive la Nation;* mais les pauvres nigauds ne favent pas qu'un jour ou l'autre, ils paieront cet écot bien cher, & que quand le pain ferait à un fol la livre, il eft expofé, plus que jamais, à mourir de faim.

Je vais maintenant finir le projet que j'ai formé des amufemens de cette journée, par le détail de ce que je prétends qui s'y exécute, & pafferai de-là au Mercredi des Cendres. Redoublez, s'il vous plaît, d'attention.

Soirée & nuit de Mardi-Gras à l'Hôtel-de-Ville.

L'Evêque d'Autun, travefti en Vulcain, ouvrira le bal avec l'Evêque de Carpentras, coftumé comme Efope le Phrygien; ces deux Prélats (1) danferont enfemble la farabande avec des caftagnettes.

---

(1) L'Evêque d'Autun eft éclopé, & l'autre boffu.

Mademoiselle d'Orléans, vêtue comme la jeune Espagnolette de la Foire, dansera ensuite sur la corde avec & sans balancier; elle sera tout uniment mise avec un léger corset bleu, rose & blanc, la gorge à l'air, en trousse & en caleçon, suivant l'usage. Cette jeune Princesse se forme de jour en jour dans cet art fameux. Monsieur son très-honoré cher père a détèrminé cette aimable Demoiselle à laisser la pudeur de côté, comme une vertu bourgeoise, & veut qu'elle fasse sur ce terrein étroit sauts de singe, sauts de dames, grands écarts, & sauts de poltron : son cher papa tient sur-tout à ce dernier, & la raison n'en est pas ignorée. Mais à-propos du Duc d'Orléans, vous croyez peut-être que je l'ai oublié; mais point du tout; si je n'en ai point encore fait mention, c'est que je garde ce plat-là pour le dernier.

Marie-Antoinette dansera une allemande avec le Cardinal de Bernis, qui danse supérieurement la gavotte & le passe-pied, en attendant que les troupes autrichiennes fassent danser la farandole à l'armée belliqueuse parisienne; ce qui pourroit bien arriver.

Taillerand Périgord, Archevêque congédié de la ville de Reims, dansera la chacone d'Arlequin.

Grimaldi, l'Evêque de Noyon, danſera la ſabotière avec Madame de la Fayette, qui, dans ce moment, portera la culotte de ſon époux; ce ſera la première fois de ſa vie.

Chapelier, député de l'Aſſemblée, comme protecteur des Comédiens, danſera l'entrée de Polichinel; & comme à ſon ordinaire, Mirabeau jouera de la poche.

Il y aura quatre contredanſes dans la ſalle, pour la commodité des Maſques royaux, nationaux, épiſcopaux & autres.

A dix heures du ſoir, Sa Majeſté appellera ſon Chancelier, qui, dans cette fête, fera l'office que faiſait l'ami Bonneau auprès de Charles VII, non pour le cotillon, car Louis XVI n'eſt pas porté ſur l'article, quoique la Nation lui reconnaiſſe complaiſamment trois enfans, mais pour la bafre : alors il lui ordonnera de ſommer la Municipalité pariſienne de lui tenir parole. Ce deſir de Sa Majeſté ſera l'ordre de paſſer dans la ſalle du feſtin, pour s'y avitailler : là, on tiendra table juſqu'à deux heures du matin.

La danſe recommencera à deux heures juſqu'à ſix, à laquelle heure le Monarque, qui connait ſa religion comme une & une font quatre, parlera de cendres : alors, je l'avoue, je renonce ordinairement à mes pérogatives ; mais comme ce sera peut-être le dernier Carnaval où je présiderai en France, je n'abandonnerai la partie qu'au midi de ce mercredi qui m'est si funeste.

Le Peuple fatigué, harassé, ira tout bêtement chercher des cendres à la Paroisse, tandis que les Masques de l'Hôtel-de-Ville en iront recevoir des mains du Père Duchesne, qui en distribuera au Palais-Royal.

Cérémonie du jour des Cendres.

A l'arrivée délâbrée de la Mascarade, le Duc d'Orléans, comme bourgeois du Palais-Royal, ira au-devant de la bande, dont quelques membres se seront éclipsés, pour aller préparer des motions hétéroclytes & des décrets ruineux ; ce qui mettra le Père Duchesne dans une grande colère, ayant préparé un paquet pour chacun.

Le Cirque sera disposé pour cette cérémonie, tout aussi triviale au Palais-Royal qu'à l'Eglise ; & comme à tout Seigneur, tout honneur, le Roi s'agenouillera devant le célébrant en fumée, qui, lui frottant le front d'une cendre noire, dira gravement :

Nom d'un foutre, Monarque Français, souviens-toi que tu fus Roi, que ta foiblesse & ta sottise t'ont rendu un être nul, mais que tu redeviendras Roi, si tu sais devenir ferme.

Marie-Antoinette se présentera après, & le Père Duchesne la regardant de travers, lui lâchera cette bordée :

Souviens-toi, femme, & million d'un foutre, souviens-t-en bien, que le Roi David, après son adultère, se couvrit d'un sac de cendres ; imite sa pénitence, puisque tu as imité son crime ; & d'ailleurs, *memento mulier quia pulvis est, & in pulverem reverteris.*

M. Stanislas-Xavier prendra son tour après ; & le Père Duchesne, en lui saupoudrant le front, s'écriera : triple nom d'une milliasse de tuyaux ! eh ! qu'est-ce que cette foutue grosse tonne-là ? Allons, à genoux, gros pourceau, & dépêches-toi ; puis ajoutera :

Par la sacrée nom d'une cheminee à la Prussienne ! souviens-toi, gros baril d'iniquité, que tu naquis matière, que tu as toujours vécu matière, & que ta carcasse retournera matière.

Ensuite passera le Duc d'Orléans, à qui le Fumiste faisant la grimace, prononcera ces mots énergiquès :

Mort nom d'un poële criblé de tous les côtés ! je ne sais à qui il ne tient que je ne te creve les yeux de la poignée de cendres que je tiens dans ma main; mais je te fais grace, ressouviens-toi seulement, foutu débauché qui joue le converti, que tu es né libertin, que tu vis encore en libertin, & qu'avant ta mort, tu tomberas en pourriture, avant de devenir semblable à cette cendre.

Les Dames de France s'agenouilleront ensuite sur la même ligne, & le franc Duchesne, en leur barbouillant le crâne, leur dira en colere:

Pour vous, Mesdames, qui voulez foutre-le-camp, pour aller prendre vos ébats chez l'étranger, & ne plus jouer les bigottes dans vos foyers, renoncez à cette foutue chienne d'idée, car, morbleu, je vous le dis franchement, vous êtes nées poussière, mais vous pourriez bien redevenir poussière avant le tems que l'Eternel a fixé. Puis s'adressant à Bailly, il ajoutera: allons, à ton tour, rusé coquin.

Tiens[r], bougre d'hypocrite, je te fouts sur ton grand front vuide de sens, une pincée de cendres que tu ne vaux seulement pas; mais écoute bien; ressouviens-toi, grand escogriffe efflanqué, que de rien, la politique & la bassesse t'ont rendu quelque chose, mais que tu retourneras à rien, même avant le néant éternel, où demeurera ensevelie ta chétive dépouille.

L'aimable jouvenceau, Commandant-Général de l'armée bleue, qui aura eu le tems de faire refaire son hérisson, son aîle de pigeon, & de reprendre sa provision de graine d'épinards, son musc, son ambre, son sourire mielleux, & toute la pretintaille dont il se fournit quand il parle en public, se mettra, par dérision, sur un genoux, devant le Père Duchesne. Cinquante-six millions de bataillons mal organisés, dira alors ce redoutable ennemi de la forfanterie, comment! un genouil? A deux, fin matois; à deux, & finissons : ce que fera le Commandant-Général. Par malice, & à dessein d'obscurcir le front serein de parade de l'amazone la Fayette, le Père Duchesne, qui se fout des Demoiselles en uniforme, lui barbouillera la figure de cendres, en lui disant :

Tu as vu venir la révolution sans t'en mêler, nom d'un foutre! les circonstances étaient heureuses, & en politique rusé, tu en as profité; tu as séduit le Peuple, qui s'est laissé mener comme un troupeau de bride-oisons, & qui marche sous tes enseignes déployées, au meurtre, au brigandage, & à mille excès semblables. Tu es l'âme damnée des intrigans de la Cour, le mobile de la fuite de ces foutues piegrièches (en montrant Mesdames de France); bientôt

tu

tu chercheras à faciliter celle du Daron ; mais, nom d'une bombe écarquillée !

Souviens-toi que tu étais planté comme un choux pour raverdir, & que tu étais hanté ſur ſauvageon ; qu'on t'a foutu à la tête d'une portion d'hommes que l'on traite d'imbécilles, & qui, pourtant, ne ſont foutre pas ſi bêtes. Papillonne, carillonne les Dames de la haute ſonnerie, ſi tu le veux ; mais prends garde de regimber, ou la lanterne nous en fera raiſon. Le Général confus ſe retirera ſans rien dire.

Madame Staniſlas s'avancera, & le Père Duchesne fronçant le ſourcil, dira : encore une ſainte mitouche, foutue pratique à cendrillonner. Allons, à genoux.

Souviens-toi, nom d'un foutre & mijaurée, que tu es née Savoyarde, que nos ennemis ſont à Turin, & que, dans nos mains, tu es un gage aſſuré des incurſions du Roi de Sardaigne, & que ta tête, comme une autre, nous répond du traité de paix : nom d'un triſte canon ſans culaſſe ! nous enverrons, foi de Père Ducheſne, des prunes de prophéties aux Savoyards comme aux Allemands.

L'Aſſemblée nationale ſe préſentera en corps, Mirabeau à leur tête, qui, ſe mettant à genoux devant le Père Ducheſne, eſſayera de détourner le coup que le Fumiſte de la Cour s'apprête à porter à ſa compagnie, mais celui-ci, le voyant en diſpoſition de ſe faire cendrer, lui dira :

C'eſt donc maintenant au Roi des jean-foutres que j'ai affaire : écoute-moi, Mirabeau ; j'ai, foutre, lu dans ton âme, dès l'époque de ta naiſſance ; j'ai démêlé ce que tu ferais un jour, un fourbe, un foutu gredin, un hableur & un pervers : tu n'as pas démenti les preſſentimens du Père Ducheſne ; tu préſides maintenant à une Nation entière, & par la ſacredieu ! je ne puis mieux te comparer, qu'à un foutu cocher de place ivre, qui conduit à ſa tête la compagnie qui eſt dans ſon carroſſe, & qui lui a donné ſa confiance ; mais change de vie, bougre, ſi tu veux qu'on te loue ſouvent, ou, ſans quoi, gare la cérémonie !

Après cette ſemonce, le Père Ducheſne diſtribuera des cendres aux ſots Juges de Paix, aux fripons de Greffiers, aux déprédateurs de la Municipalité, aux Griſettes de la Cour, &c. & comme le dit la chanſon de Marlborough :

> La cérémonie faite,
> Chacun s'en fut coucher.

Voilà mon Carnaval, voilà la journée des

Cendres. Le Préſident tinta la clochette ; on paſſa aux voix, & la majorité abſolue ayant appuyé la motion du Préopinant, le décret ſuivant fut prononcé, envoyé aux châteaux des Tuileries & du Luxembourg, à la Municipalité, aux quarante-huit Sections, aux Tribunaux des Juges de Paix, aux Comités de Diſtrict, pour être exécuté ſuivant la forme & la teneur ſuivante.

CHAPITRE VI ET DERNIER.

DÉCRET de l'Aſſemblée Nationale, qui adopte le projet des Fêtes conçues par Mardi-Gras, pour le Carnaval de l'année 1791 ; ordonne à la Municipalité & aux quarante-huit Sections d'y prêter la main & tout leur pouvoir. Viſa de la Municipalité.

LE Préſident de l'Aſſemblée nationale s'eſt levé, & a dit :

Oui la motion de notre cher confrère & concitoyen Mardi-Gras : Comme nous n'avons rien reconnu dans ſon expoſé que de ſage, & qui ne puiſſe paſſer autrement que pour le fruit d'une mûre délibération, & que l'Aſſemblée nationale eſt diſpoſée à accepter tous les projets qui lui ſeront préſentés, & qui pourront contribuer à la félicité publique, décrétons que ſes vues pour la reſtauration du Carnaval de 1791, auront leur plein & entier effet;

Que M. le Préſident ſe retira par-devant le Roi, pour en obtenir la ſanction du préſent, & qu'enſuite il ſera envoyé à la Municipalité, pour le tranſcrire ſur ſes Regiſtres, & ſurveiller à ſon exécution. Fait & paſſé à l'Aſſemblée nationale, le 16 Février 1791.

VISA de la Municipalité, extrait de ſes Regiſtres, du 16 Février 1791.

L'Aſſemblée nationale ayant décrété que le Carnaval de la préſente année, aurait lieu, ſuivant le projet & le *proſpectus* préſentés à icelle, par Mardi-Gras, enjoignons au Commandant-Général de requérir l'aſſiſtance des Citoyens pour ſon exécution:

Aux Habitans de fermer leurs boutiques, & d'illuminer la façade de leurs maiſons, notamment dans les endroits où doit paſſer la Maſcarade royale. Défendons, ſous peine d'être pourſuivis *arbitrairement*, de porter cannes, epées, bâtons, & ſur-tout aucun uſage de la lanterne.

Fait au Bureau de la Municipalité, le 18 Février 1791.

Signé, BAILLY; Maire.

DE JOLY, *Secrétaire.*

BIBLIOTHEQUE ROYALE

www.ingramcontent.com/pod-product-compliance
Ingram Content Group UK Ltd.
Pitfield, Milton Keynes, MK11 3LW, UK
UKHW020402180726
13839UKWH00003B/1237